мәктәп - l'école	2
сәяхәт - le voyage	5
транспорт - le transport	8
шәһәр - la ville	10
ландшафт - le paysage	14
ресторан - le restaurant	17
супермаркет - le supermarché	20
эчемлекләр - les boissons	22
азык - les aliments	23
ферма - la ferme	27
йорт - la maison	31
кунак бүлмәсе - la salle de séjour	33
аш бүлмәсе - la cuisine	35
ванна бүлмәсе - la salle de bains	38
балалар бүлмәсе - la chambre d'enfant	42
кием - les vêtements	44
офис - le bureau	49
икътисад - l'économie	51
профессияләр - les professions	53
кораллар - les outils	56
музыкаль инструментлар - les instruments de musique	57
зоопарк - le zoo	59
спорт төрләре - les sports	62
хәрәкәт - les activités	63
гаилә - la famille	67
тән - le corps	68
хастаханә - l'hôpital	72
кичектергесез хәл - l'urgence	76
җир - la Terre	77
сәгать - l'heure	79
атна - la semaine	80
ел - l'année	81
формалар - les formes	83
төсләр - les couleurs	84
капма-каршылыклар - les opposés	85
саннар - les nombres	88
телләр - les langues	90
кем / нәрсә / ничек - qui / quoi / comment	91
кайда - où	92

Impressum
Verlag: BABADADA GmbH, Nedderfeld 112 , 22529 Hamburg
Geschäftsführer / Verlagsleitung: Harald Hof
Druck: Books on Demand GmbH, In de Tarpen 42, 22848 Norderstedt

Imprint
Publisher: BABADADA GmbH, Nedderfeld 112 , 22529 Hamburg, Germany
Managing Director / Publishing direction: Harald Hof
Print: Books on Demand GmbH, In de Tarpen 42, 22848 Norderstedt

мәктәп
l'école

- бүлү — diviser
- такта — le tableau
- сыйныф бүлмәсе — la salle de classe
- мәктәп ишегалдысы — la cour d'école
- укытучы — l'enseignant
- кәгазь — le papier
- язу — écrire
- ручка — le stylo
- язу өстәле — le bureau de travail
- линейка — la règle
- китап — le livre
- укучы — l'écolier

букча — le sac d'écolier

пенал — la trousse

каләм — le crayon

каләм очлагыч — le taille-crayon

бетергеч — la gomme à effacer

рәсем ясау өчен альбом — le bloc de papier à dessin

рәсем
le dessin

кисточка
le pinceau

буяулар тартмасы
la boîte de peintures

кайчы
les ciseaux

җилем
la colle

дәфтәр
le cahier d'exercices

өйгә эш
les devoirs

сан
le chiffre

кушу
additionner

алу
soustraire

тапкырлау
multiplier

исәпләү
calculer

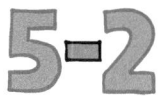
хәреф
la lettre

алфавит
l'alphabet

сүз
le mot

мәктәп - l'école

текст
le texte

уку
lire

акбур
la craie

дәрес
la leçon

сыйныф журналы
le cahier de notes

имтихан
l'examen

диплом
le certificat

мәктәп формасы
l'uniforme scolaire

мәгариф
l'éducation

энциклопедия
l'encyclopédie

университет
l'université

микроскоп
le microscope

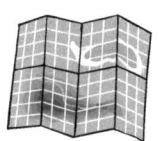
карта
la carte

кәгазь өчен кәрҗин
la corbeille à papier

сәяхәт
le voyage

кунакханә
l'hôtel

турбаза
l'auberge

валюта алмаштыру пункты
le bureau de change

чемодан
la valise

автомобиль
la voiture

тел

la langue

әйе / юк

oui / non

яхшы

Okay

сәлам

Allo!

тәрҗемәче

le traducteur

Рәхмәт

Merci

сәяхәт - le voyage

Күпме тора...?
Combien coûte...?

Мин аңламыйм
Je ne comprends pas

проблема
le problème

Хәерле кич!
Bonsoir !

Хәерле иртә!
Bonjour !

Тыныч йокы!
Bonne nuit !

хушыгыз
bye bye

юнәлеш
la direction

багаж
les bagages

букча
le sac

рюкзак
le sac à dos

кунак
l'invité

бүлмә
la pièce

йоклар өчен капчык
le sac de couchage

палатка
la tente

сәяхәт - le voyage

туристик мәгълүмат

le bureau d'information touristique

пляж

la plage

кредит картасы

la carte de crédit

иртәнге аш

le déjeuner

төш

le dîner

кичке аш

le souper

билет

le billet

лифт

l'ascenseur

почта маркасы

le timbre

чик

la frontière

таможня

la douane

илчелек

l'ambassade

виза

le visa

паспорт

le passeport

сәяхәт - le voyage

транспорт
le transport

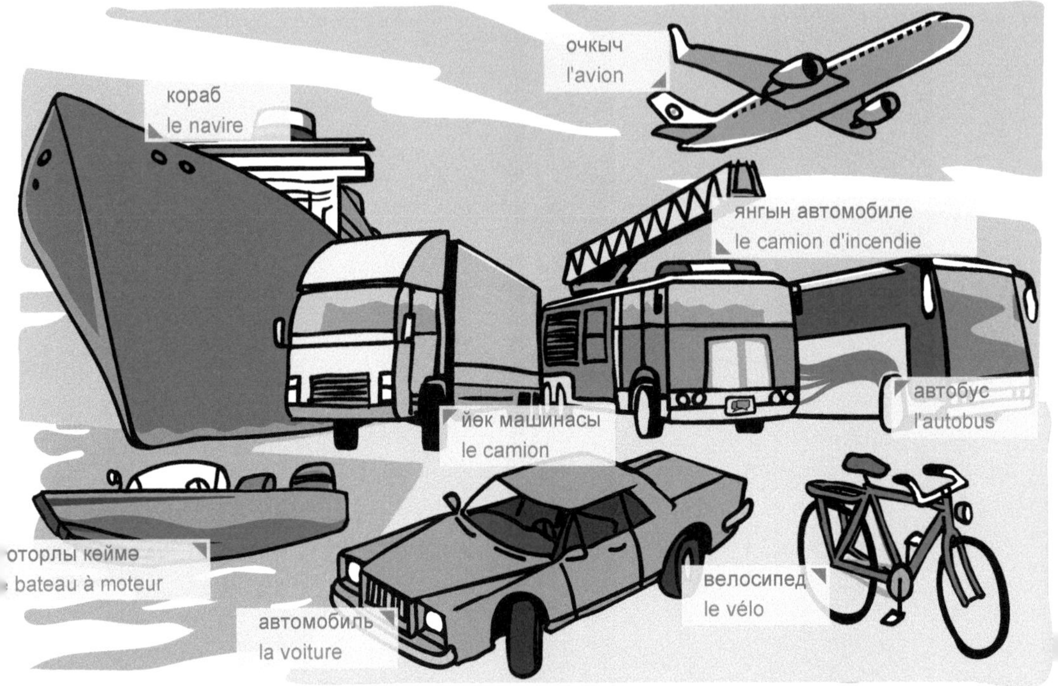

- кораб — le navire
- очкыч — l'avion
- янгын автомобиле — le camion d'incendie
- йек машинасы — le camion
- автобус — l'autobus
- оторлы кәймә — bateau à moteur
- автомобиль — la voiture
- велосипед — le vélo

паром
le traversier

кәймә
le bateau

мотоцикл
la motocyclette

полиция автомобиле
la voiture de police

узыш автомобиле
la voiture de course

вакытлыча алып торган автомобиль
la voiture de location

Автомобильләр белән
уртак файдалану

l'autopartage

буксирлау автомобиле

la dépanneuse

чүп ташучы

le camion à ordures

двигатель

le moteur

ягулык

le carburant

заправка

la station-service

юл билгесе

le panneau de signalisation

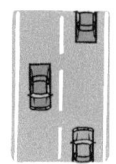

хәрәкәт

la circulation

бөке

l'embouteillage

автомобиль тукталышы

le parc de stationnement

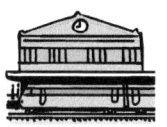

вокзал

la gare

рельслар

les voies ferrées

поезд

le train

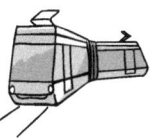

трамвай

le tramway

вагон

le wagon

транспорт - le transport

вертолет
l'hélicoptère

аэропорт
l'aéroport

каланча
la tour

юлчы
le passager

контейнер
le conteneur

тартма
la boîte en carton

арба
le chariot

кәрзинкә
le panier

очу / җиргә төшү
décoller / atterrir

шәһәр
la ville

авыл
le village

шәһәр үзәге
le centre-ville

йорт
la maison

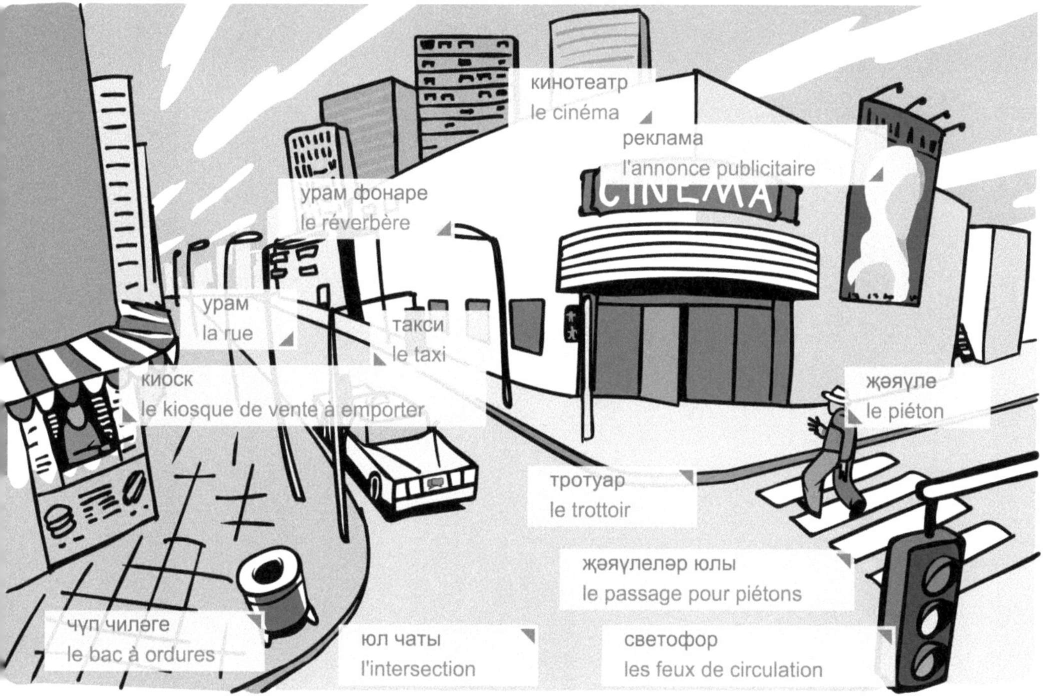

кинотеатр
le cinéma

реклама
l'annonce publicitaire

урам фонаре
le réverbère

урам
la rue

такси
le taxi

киоск
le kiosque de vente à emporter

җәяүле
le piéton

тротуар
le trottoir

җәяүлеләр юлы
le passage pour piétons

чүп чиләге
le bac à ordures

юл чаты
l'intersection

светофор
les feux de circulation

алачык

la cabane

фатир

l'appartement

вокзал

la gare

ратуша

l'hôtel de ville

музей

le musée

мәктәп

l'école

шәһәр - la ville

университет

l'université

банк

la banque

хастаханә

l'hôpital

кунакханә

l'hôtel

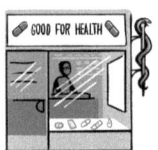

даруханә

la pharmacie

офис

le bureau

китап кибете

la librairie

кибет

le magasin

чәчәк кибете

le fleuriste

супермаркет

le supermarché

базар

le marché

универмаг

le grand magasin

балык кибете

la poissonnerie

сәүдә үзәге

le centre commercial

порт

le port

12 шәһәр - la ville

парк

le parc

эскәмия

le banc

күпер

le pont

баскыч

les escaliers

метро

le métro

тоннель

le tunnel

автобус тукталышы

l'arrêt d'autobus

бар

le bar

ресторан

le restaurant

почта тартмасы

la boîte à lettres

урам исеме язылган такта

la plaque de rue

паркометр

le parcomètre

зоопарк

le zoo

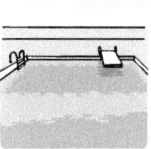

бассейн

les bains publics

мәчет

la mosquée

шәһәр - la ville

ферма
la ferme

әйләнә-тирә мохитне пычрату
la pollution

зират
le cimetière

чиркәү
l'église

балалар мәйданчыгы
l'aire de jeux

гыйбадәтханә
le temple

ландшафт
le paysage

бит — la feuille
юл күрсәткече — le panneau indicateur
юл — le chemin
болын — le pré
таш — la pierre
агач — l'arbre
сәяхәтче — le randonneur
елга — la rivière
үлән — l'herbe
чәчәк — la fleur

үзән
la vallée

тау
la colline

күл
le lac

урман
la forêt

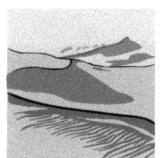
чүл
le désert

вулкан
le volcan

йозак
le château

салават күпере
l'arc-en-ciel

гөмбә
le champignon

пальма
le palmier

черки
le moustique

чебен
la mouche

кырмыска
la fourmi

корт
l'abeille

үрмәкүч
l'araignée

ландшафт - le paysage

коңгыз

le scarabée

бака

la grenouille

тиен

l'écureuil

керпе

le hérisson

куян

le lièvre

ябалак

la chouette

кош

l'oiseau

аккош

le cygne

кабан дуңгызы

le sanglier

болан

le cerf

поши

l'orignal

буа

le barrage

җил генераторы

l'éolienne

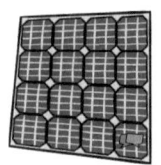

кояш батареясы

le panneau solaire

климат

le climat

ландшафт - le paysage

ресторан
le restaurant

- официант — le serveur
- меню — le menu
- утыргыч — la chaise
- аш — la soupe
- ашханә приборлары — la coutellerie
- пицца — la pizza
- ашъяулык — la nappe

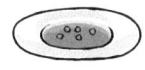

кабымлык

les hors-d'œuvre

төп ашамлык

le plat principal

десерт

le dessert

эчемлекләр

les boissons

азык

les aliments

шешә

la bouteille

фастфуд
la restauration rapide

урам ризыгы
la cuisine de rue

чәйнек
la théière

шикәр савыты
le sucrier

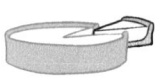
күләм
la part

кофе кайнаткыч
la machine à expresso

балалар урындыгы
la chaise haute d'enfant

исәпләү
la facture

поднос
le plateau

пычак
le couteau

чәнечке
la fourchette

кашык
la cuillère

чәй кашыгы
la cuillère à thé

салфетка
la serviette

стакан
le verre

18 ресторан - le restaurant

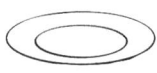

тәлинкә

l'assiette

аш тәлинкәсе

l'assiette creuse

чәй тәлинкәсе

la soucoupe

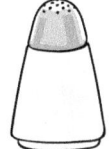

соус

la sauce

тоз савыты

la salière

борыч ваклагыч

le moulin à poivre

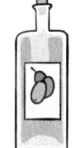

серкә

le vinaigre

сыек май

l'huile

тәмләткеч

les épices

кетчуп

le ketchup

горчица

la moutarde

майонез

la mayonnaise

ресторан - le restaurant

супермаркет
le supermarché

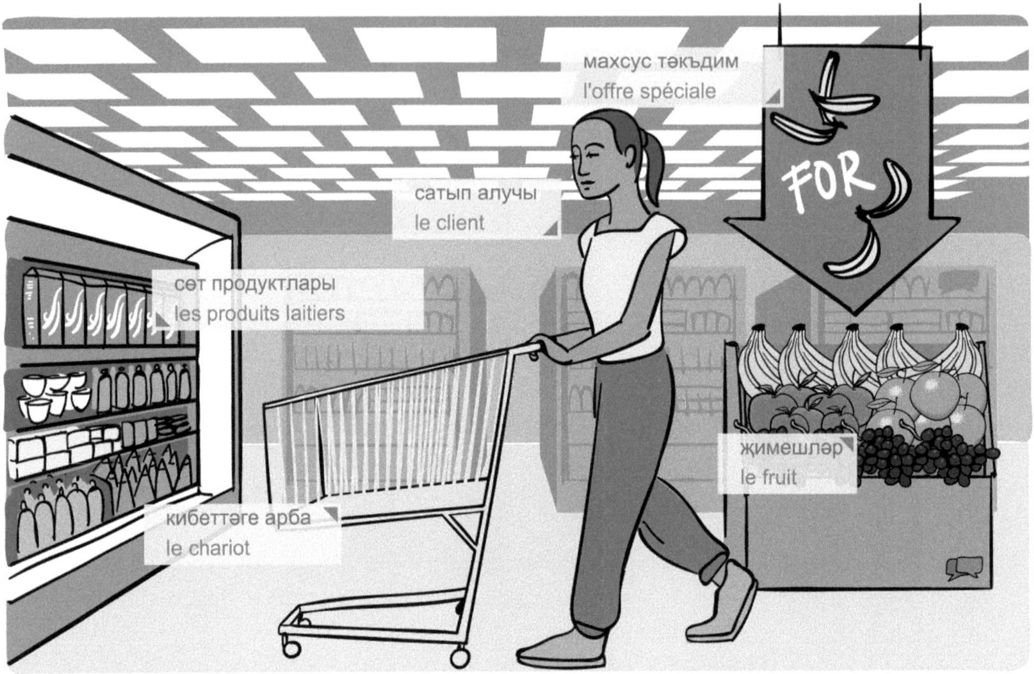

махсус тәкъдим
l'offre spéciale
FOR
сатып алучы
le client
сөт продуктлары
les produits laitiers
җимешләр
le fruit
кибеттәге арба
le chariot

BUTCHERS

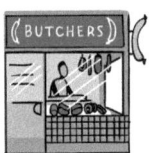

ит кибете

la boucherie

BAKERY

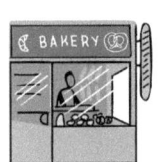

икмәк пешерү йорты

la boulangerie

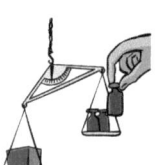

килү

peser

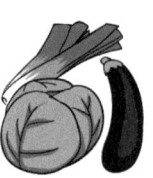

яшелчә

les légumes

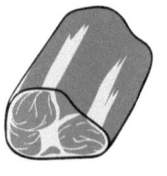

ит

la viande

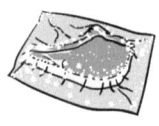

туңдырылган продуктлар

les aliments congelés

кисәкле ит

les viandes froides

консервалар

les conserves

кер юу порошогы

le détergent à lessive en poudre

тәм-томнар

les sucreries

көнкүреш җиһазлары

les produits d'entretien ménager

юу әйбере

les produits d'entretien

хатын-кыз сатучы

la vendeuse

касса

la caisse

кассир

le caissier

сатып алган әйберләрнең исемлеге

la liste de provisions

эш вакыты

les heures d'ouverture

бумажник

le portefeuille

кредит картасы

la carte de crédit

букча

le sac

полиэтилен пакет

le sac plastique

супермаркет - le supermarché

эчемлекләр
les boissons

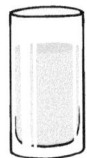
су
l'eau

сок
le jus

сөт
le lait

кока-кола
le cola

шәраб
le vin

сыра
la bière

хәмер
l'alcool

какао
le cacao

чәй
le thé

кофе
le café

эспрессо
l'expresso

капучино
le cappuccino

азык
les aliments

банан

la banane

алма

la pomme

әфлисун

l'orange

карбыз

le melon d'eau

лимон

le citron.

кишер

la carotte

сарымсак

l'ail

бамбук

le bambou

суган

l'oignon

гөмбә

le champignon

чикләвекләр

les noix

токмач

les nouilles

спагетти

les spaghettis

дөге

le riz

салат

la salade

чипсы

les frites

кыздырылган бәрәңге

les pommes de terre sautées

пицца

la pizza

гамбургер

le hamburger

сэндвич

le sandwich

котлет

l'escalope

ветчина

le jambon

салями

le salami

сосиска

la saucisse

тавык

le poulet

кыздырма

le rôti

балык

le poisson

азык - les aliments

солы кисәкләре

le gruau d'avoine

мюсли

le muesli

кукуруз кисәкләре

les flocons de maïs

он

la farine

круассан

le croissant

булка

le petit pain

икмәк

le pain

тост

la rôtie

печенье

les biscuits

май

le beurre

эремчек

le caillé

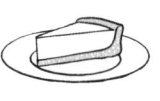

пирог

le gâteau

йомырка

l'œuf

йомырка тәбәсе

l'œuf miroir

сыр

le fromage

азык - les aliments

туңдырма

la crème glacée

шикәр

le sucre

бал

le miel

кайнатма

la confiture

шоколадлы паста

la crème de nougat

карри

le cari

азык - les aliments

ферма
la ferme

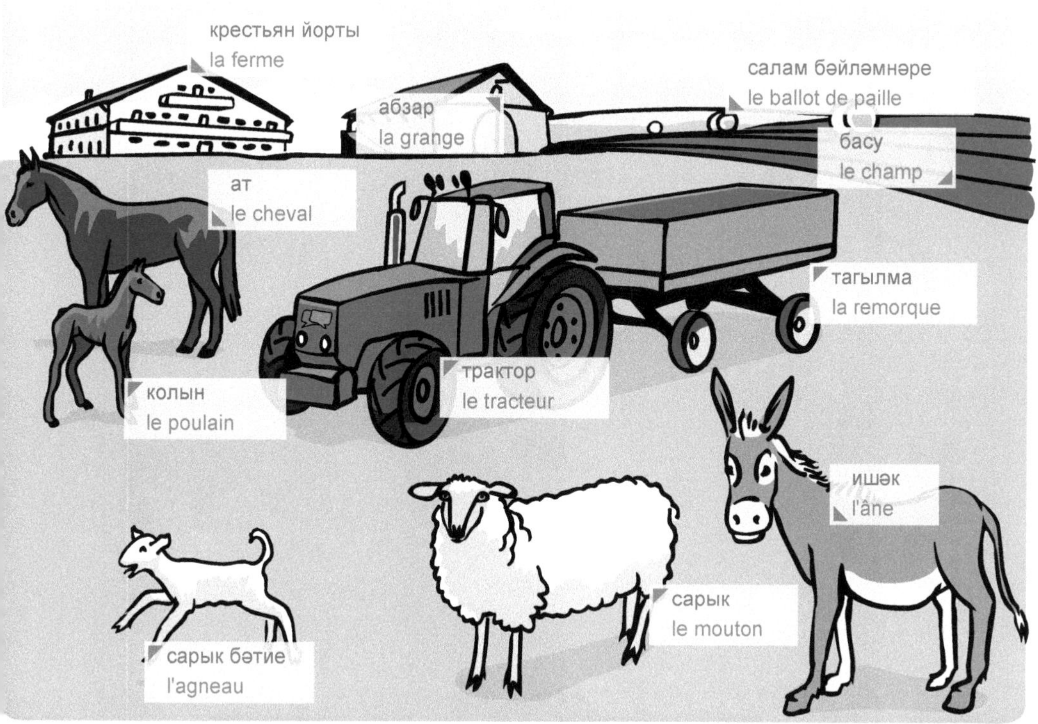

крестьян йорты
la ferme

абзар
la grange

салам бәйләмнәре
le ballot de paille

басу
le champ

ат
le cheval

тагылма
la remorque

колын
le poulain

трактор
le tracteur

ишәк
l'âne

сарык
le mouton

сарык бәтие
l'agneau

кәҗә

la chèvre

сыер

la vache

бозау

le veau

дуңгыз

le porc

дуңгыз баласы

le porcelet

үгез

le taureau

каз

l'oie

үрдәк

le canard

чеби

le poussin

тавык

la poule

әтәч

le coq

күсе

le rat

песи

le chat

тычкан

la souris

эш үгезе

le bœuf

эт

le chien

эт оясы

la niche

бакча шлангысы

le tuyau d'arrosage

сусипкеч

l'arrosoir

чалгы

la faux

сабан

la charrue

ферма - la ferme

урак

la faucille

китмән

la binette

тирес сәнәге

la fourche à foin

балта

la hache

кул арбасы

la brouette

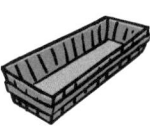

тагарак

l'auge

сөт өчен бидон

le pot à lait

капчык

le grand sac

койма

la clôture

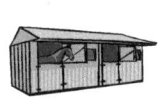

абзар

l'écurie

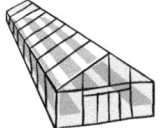

теплица

la serre

туфрак

le sol

чәчү

les graines

ашлама

l'engrais

комбайн

la moissonneuse-batteuse

ферма - la ferme

уңыш җыю
récolter

уңыш
la récolte

ямса
l'igname

бодай
le blé

соя
le soja

бәрәңге
la pomme de terre

кукуруз
le maïs

рапс
la graine de colza

җимеш агачы
l'arbre fruitier

маниок
le manioc

иген
les grains

ферма - la ferme

йорт
la maison

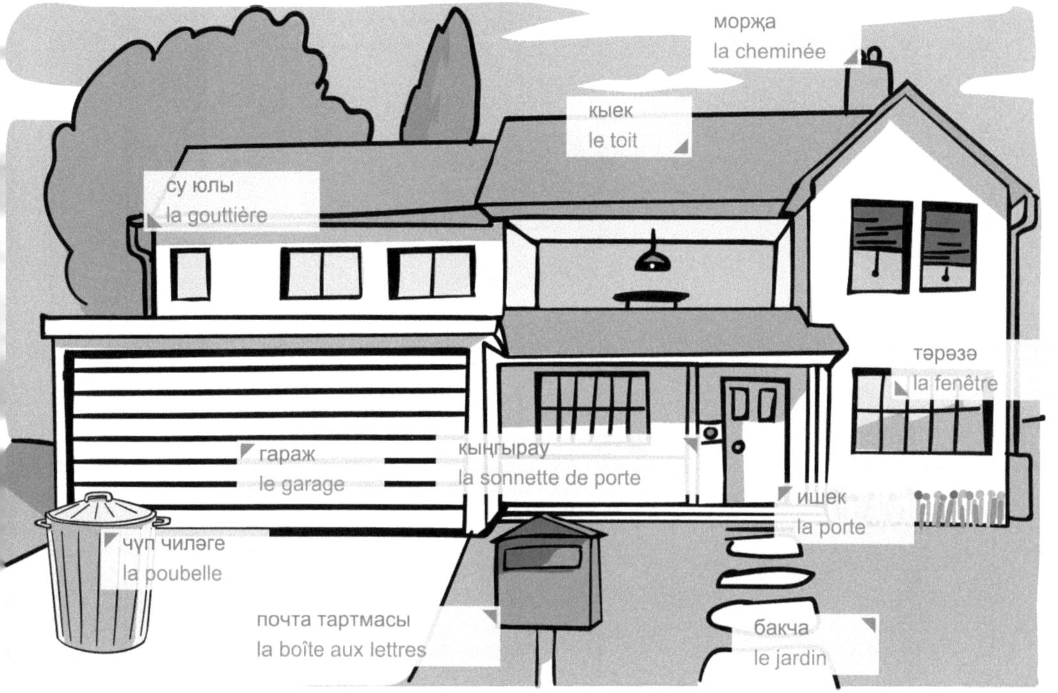

морҗа / la cheminée

кыек / le toit

су юлы / la gouttière

тәрәзә / la fenêtre

гараж / le garage

кыңгырау / la sonnette de porte

ишек / la porte

чүп чиләге / la poubelle

почта тартмасы / la boîte aux lettres

бакча / le jardin

кунак бүлмәсе
la salle de séjour

ванна бүлмәсе
la salle de bains

аш бүлмәсе
la cuisine

йокы бүлмәсе
la chambre à coucher

балалар бүлмәсе
la chambre d'enfant

ашханә
la salle à manger

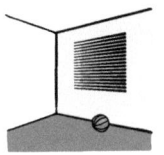

идән
le plancher

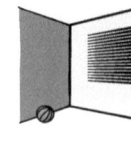

диуар
le mur

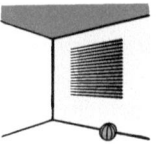

түшәм
le plafond

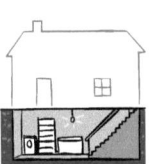

баз
le cellier

сауна
le sauna

балкон
le balcon

терраса
la terrasse

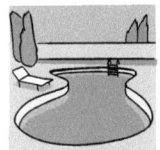

бассейн
la piscine

газон чапкыч
la tondeuse à gazon

юрган аслыгы
le drap

япма
le jeté de lit

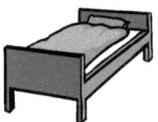

карават
le lit

себерке
le balai

чиләк
le seau

сүндергеч
l'interrupteur

йорт - la maison

кунак бүлмәсе
la salle de séjour

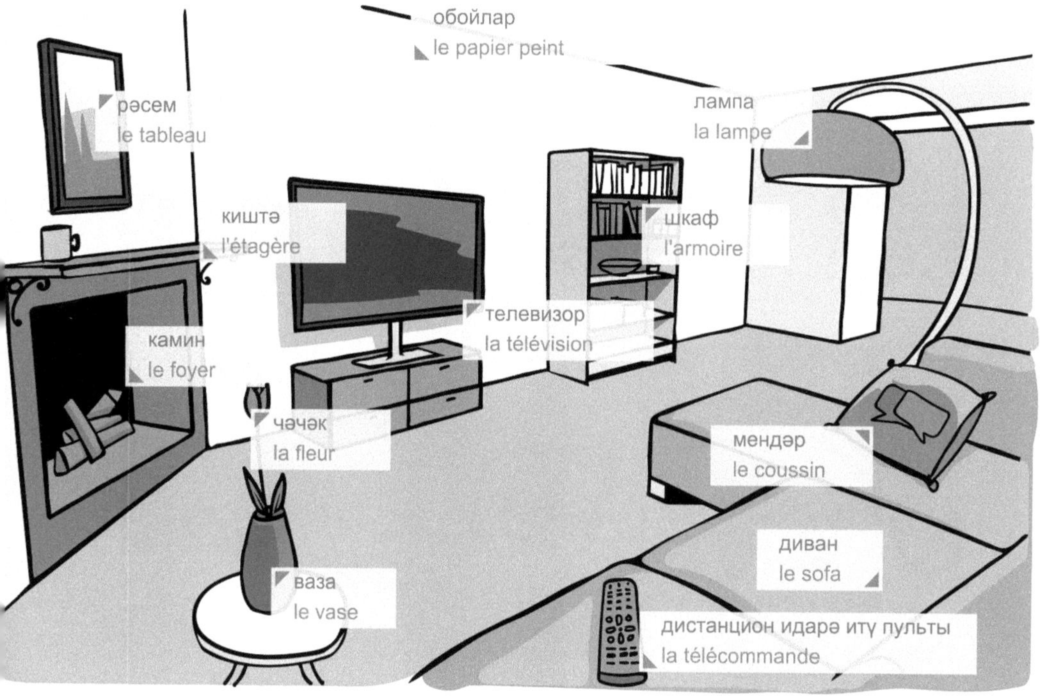

- обойлар — le papier peint
- рәсем — le tableau
- лампа — la lampe
- киштә — l'étagère
- шкаф — l'armoire
- камин — le foyer
- телевизор — la télévision
- чәчәк — la fleur
- мендәр — le coussin
- ваза — le vase
- диван — le sofa
- дистанцион идарә иту пульты — la télécommande

келәм

le tapis

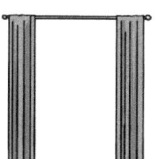

пәрдә

le rideau

өстәл

la table

утыргыч

la chaise

тибрәткеч кәнәфи

la berceuse

кәнәфи

le fauteuil

китап
le livre

япма
la couverte

бизәк
la décoration

утын
le bois de chauffage

фильм
le film

стереосистема
la chaîne hi-fi

ачкыч
la clé

газета
le journal

картина
la peinture

плакат
l'affiche

радио
la radio

блокнот
le bloc-notes

тузан суыргыч
l'aspirateur

кактус
le cactus

шәм
la chandelle

кунак бүлмәсе - la salle de séjour

аш бүлмәсе
la cuisine

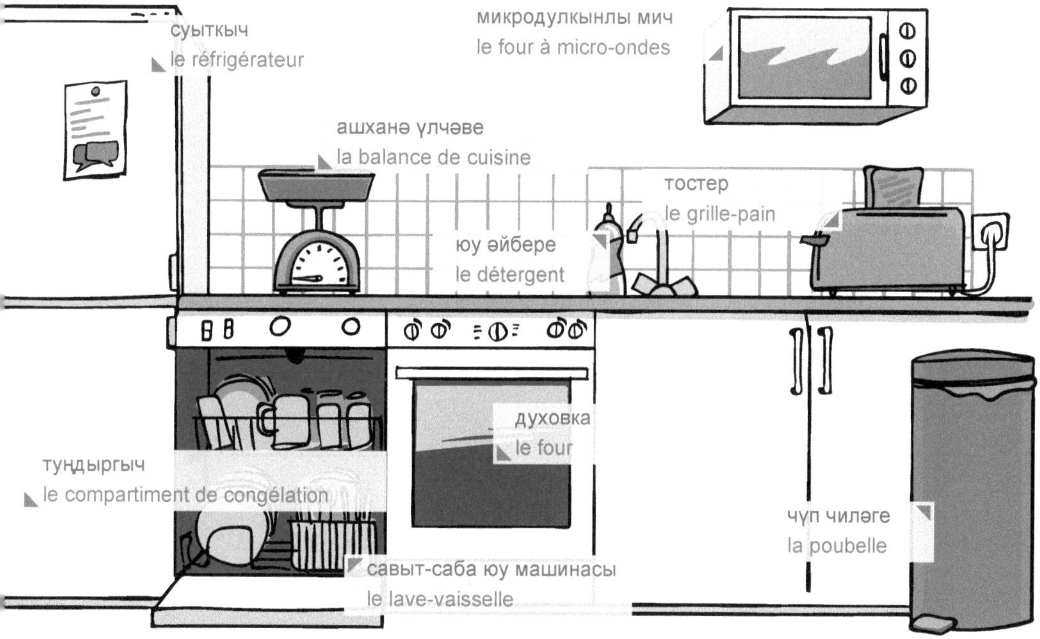

суыткыч
le réfrigérateur

микродулкынлы мич
le four à micro-ondes

ашханә үлчәве
la balance de cuisine

тостер
le grille-pain

юу әйбере
le détergent

духовка
le four

туңдыргыч
le compartiment de congélation

чүп чиләге
la poubelle

савыт-саба юу машинасы
le lave-vaisselle

плитә
la cuisinière

кәстрүл
la marmite

чуен казан
la cocotte en fonte

вок / казан
le wok/kadai

таба
la poêle

чәйнек
la bouilloire

парда пешергеч

le cuiseur à vapeur

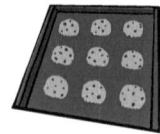

калай таба

la plaque à patisserie

савыт-саба

la vaisselle

кружка

la grande tasse

җамаяк

le bol

таякчык

les baguettes

аш чүмече

la louche

лопатка

la spatule

туглауыч

le fouet

иләк

la passoire

иләк

le tamis

кыргыч

la râpe

төйгеч

le mortier

гриль

le barbecue

учак

le foyer

аш бүлмәсе - la cuisine

такта
la planche à découper

уклау
le rouleau à pâtisserie

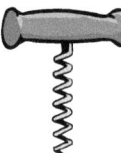
бөке суыргыч
le tire-bouchon

калай банк
la boîte à conserves

консерв ачу өчен пычак
l'ouvre-boîte

элэктергеч
la mitaine de four

раковина
l'évier

щётка
la brosse

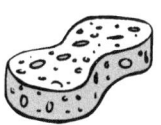
губка
l'éponge

миксер
le mélangeur

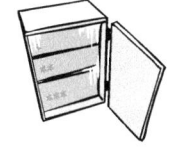
туңдыру камерасы
le congélateur

ашату өчен шешә
le biberon

кран
le robinet

аш бүлмәсе - la cuisine

ванна бүлмәсе
la salle de bains

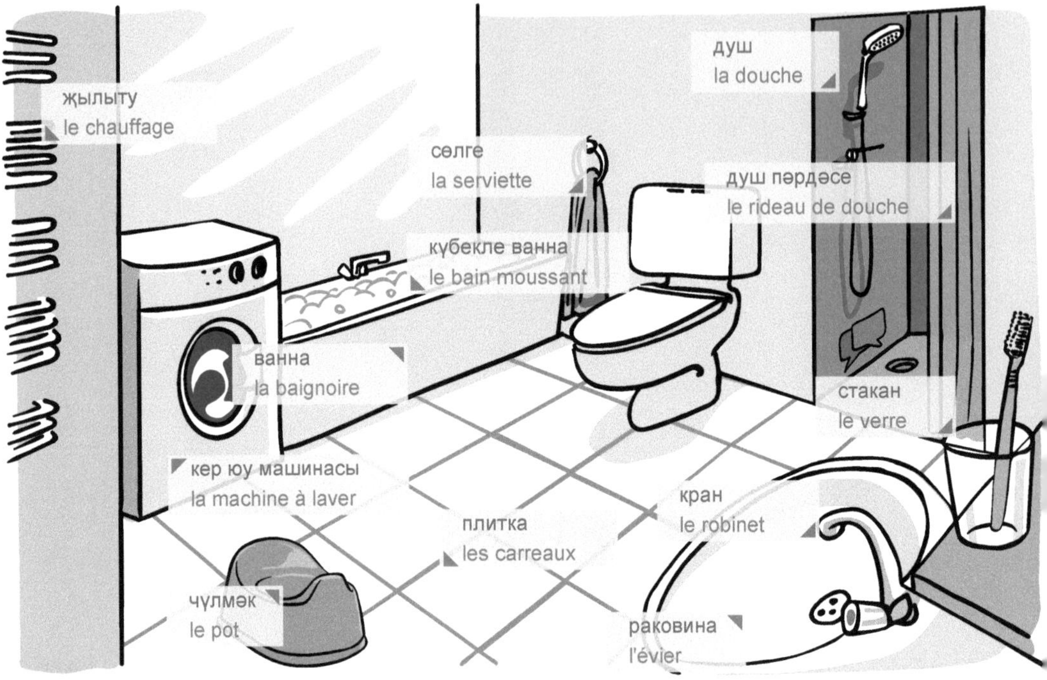

- җылыту — le chauffage
- сөлге — la serviette
- душ — la douche
- күбекле ванна — le bain moussant
- душ пәрдәсе — le rideau de douche
- ванна — la baignoire
- стакан — le verre
- кер юу машинасы — la machine à laver
- плитка — les carreaux
- кран — le robinet
- чүлмәк — le pot
- раковина — l'évier

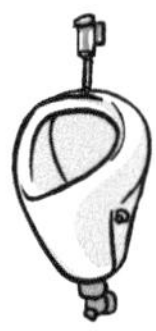

бәдрәф	унитаз	биде
la toilette	la toilette turque	le bidet
писсуар	бәдрәф кәгазе	керпе кебек чистарткыч
l'urinoir	le papier hygiénique	la brosse à toilette

теш щеткасы

la brosse à dents

теш пастасы

le dentifrice

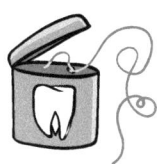

теш җебе

la soie dentaire

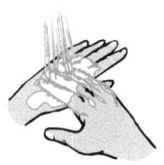

юу

laver

кул душы

la douchette

душ

la douche vaginale

оча сөяге

la cuvette

аврка өчен щетка

la brosse pour le dos

сабын

le savon

душ өчен гель

le gel douche

шампунь

le shampooing

мунчала

la débarbouillette

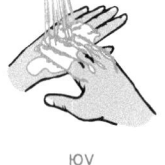

агым

le drain

крем

la crème

дезодорант

le déodorant

ванна бүлмәсе - la salle de bains

көзге

le miroir

кул көзгесе

le miroir à main

пәке

le rasoir

кырыну өчен күбек

la mousse à raser

Кырынаганнан соң
кулланыла торган лосьон

l'après-rasage

тарак

le peigne

щётка

la brosse

фен

le sèche-cheveux

чәчләр лагы

la laque

косметика

le maquillage

ирен буявы

le rouge à lèvres

тырнаклар лагы

le vernis à ongles

мамык

l'ouate

маникюр кайчысы

les ciseaux à ongles

хушбуй

le parfum

ванна бүлмәсе - la salle de bains

косметика савыты

la trousse de toilette

урындык

le tabouret

үлчәү

le pèse-personne

халат

le peignoir

резин перчаткалар

les gants de caoutchouc

тампон

le tampon

гигиена җәймәсе

les serviettes hygiéniques

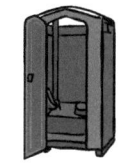

биотуалет

la toilette chimique

ванна бүлмәсе - la salle de bains

балалар бүлмәсе
la chambre d'enfant

будильник / le réveil

йомшак уенчык / la doudou

уенчык автомобиль / la petite voiture

курчак йорты / la maison de poupée

бүләк / le cadeau

шалтыравык / la crécelle

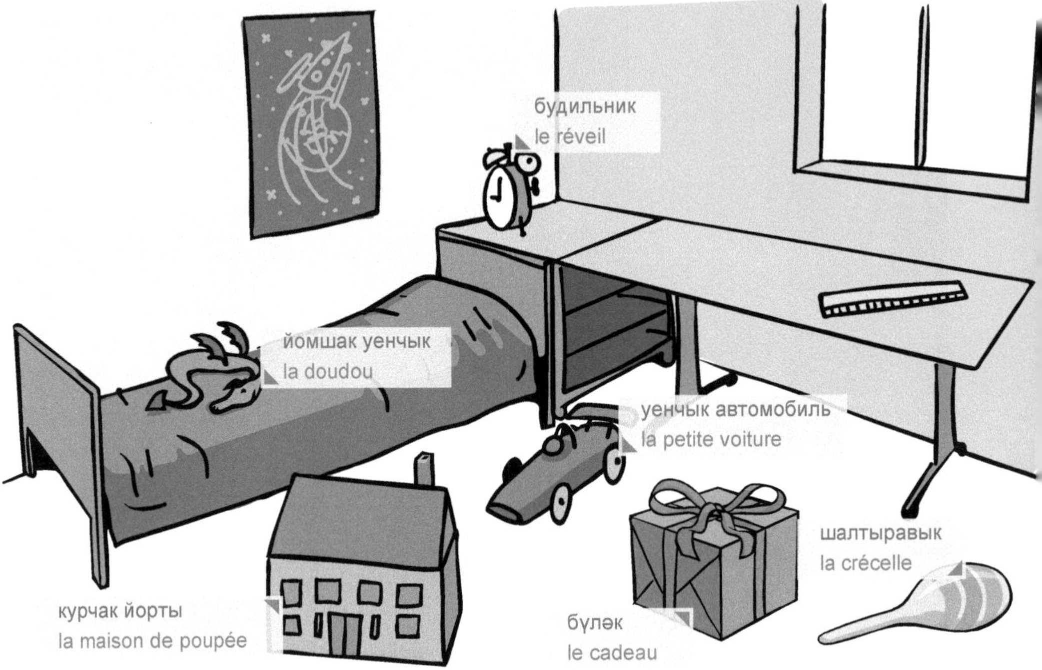

һава шары

le ballon

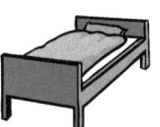

карават

le lit

балалар коляскасы

le landau

кәрт уены

le jeu de cartes

пазл

le casse-tête

комикс

la bande dessinée

42   балалар бүлмәсе - la chambre d'enfant

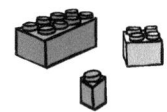

Лего кирпечекләре

les blocs LEGO

шакмак

le jeu de briques

уенчык

la figurine articulée

ползунки

la dormeuse

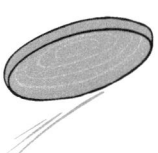

фрисби

le disque volant

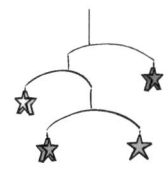

мобиль

le mobile

өстәл уены

le jeu de société

шакмак

le dé

тимер юл моделе

l'ensemble de modèles de train

имезлек

le mannequin

кичә

la fête

рәсемнәр белән бизәлгән китап

le livre d'images

туп

la balle

курчак

la poupée

уйнау

jouer

балалар бүлмәсе - la chambre d'enfant

комлык

le bac à sable

таган

la balançoire

уенчык

les jouets

уен приставкасы

la console de jeu vidéo

өч көпчәкле велосипед

le tricycle

плюш аю

l'ours en peluche

кием-салым шкафы

la garde-robe

кием
les vêtements

оекбаш

les chaussettes

оек

les bas

колготки

le collant

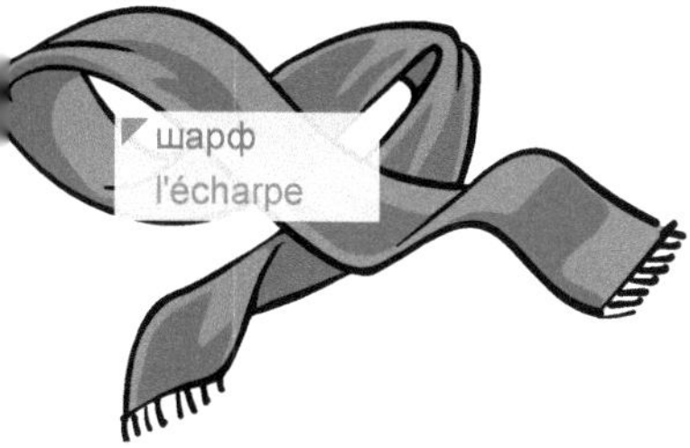

шарф
l'écharpe

зонт
le parapluie

футболка
le T-shirt

каеш
la ceinture

тапки
les pantoufles

итек
les bottes

кроссовки
les chaussures de sport

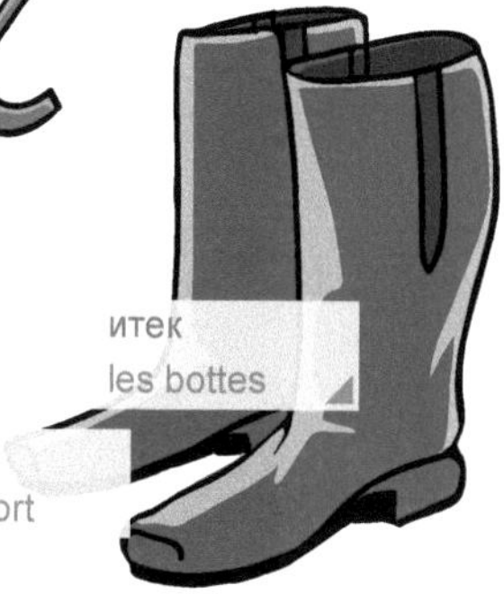

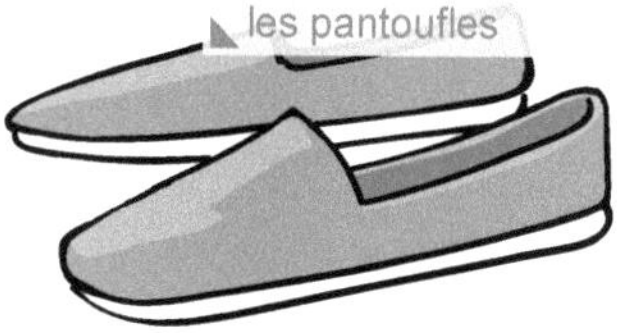

сандаллар
les sandales

ботинкалар
les souliers

резин итекләр
les bottes de caoutchouc

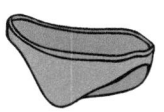

трусик
les sous-vêtements

бюстгальтер
le soutien-gorge

майка
le gilet

кием - les vêtements

боди
le body

чалбар
le pantalon

джинсы
le jean

итәк
la jupe

блузка
le chemisier

күлмәк
la chemise

свитер
le chandail

свитер
le chandail à capuche

спорт курткасы
le blazer

жакет
la veste

пәлтә
le manteau

плащ
le manteau de pluie

костюм
le complet

күлмәк
la robe

туй күлмәге
la robe de mariée

кием - les vêtements

ирләр костюмы
le tailleur

төнге эчке күлмәк
la chemise de nuit

пижама
le pyjama

сари
le sari

яулык
le foulard

чалма
le turban

пәрәнҗә
la burqa

кафтан
le cafetan

абайя
l'abaya

коену костюмы
le maillot de bain

плавки
le maillot short

шорт
la culotte courte

спорт костюмы
le survêtement

алъяпкыч
le tablier

перчаткалар
les mitaines

киeм - les vêtements

төймә

le bouton

күзлек

les lunettes

беләзек

le bracelet

чылбыр

le collier

балдак

la bague

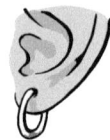

алка

la boucle d'oreille

бүрек

la tuque

элгеч

le cintre

эшләпә

le chapeau

галстук

la cravate

молния каптырмасы

la fermeture à glissière

каска

le casque

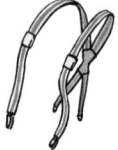

подтяжка

les bretelles

мәктәп формасы

l'uniforme scolaire

форма

l'uniforme

кием - les vêtements

балалар күкрәкчәсе

le bavoir

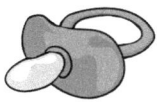

имезлек

le mannequin

подгузник

la couche

офис
le bureau

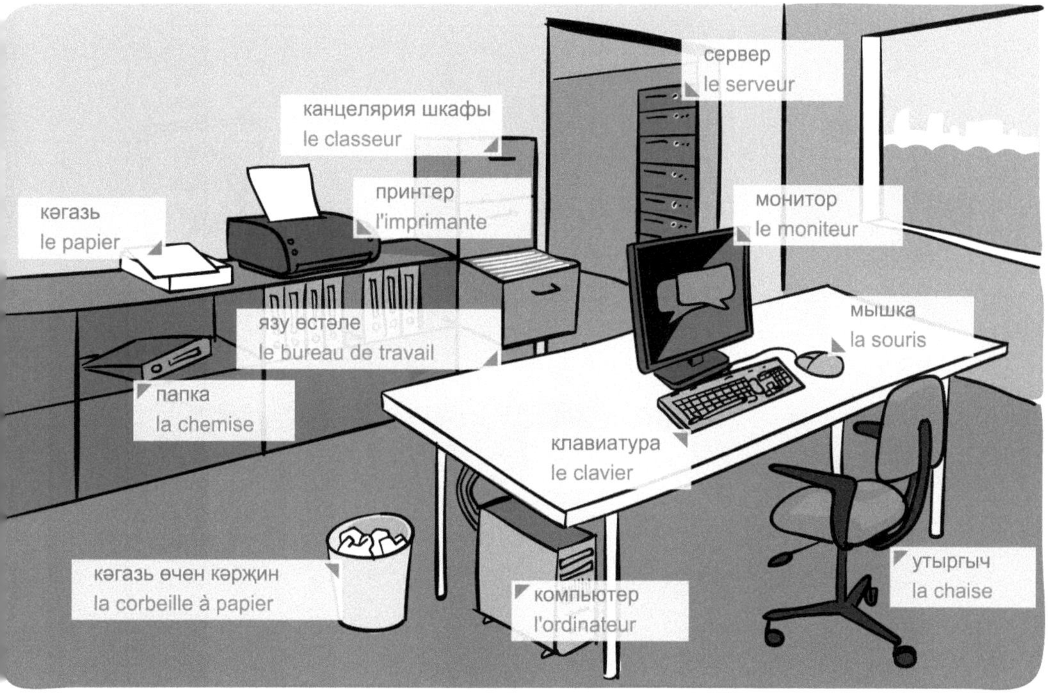

- сервер — le serveur
- канцелярия шкафы — le classeur
- принтер — l'imprimante
- монитор — le moniteur
- кәгазь — le papier
- язу өстәле — le bureau de travail
- мышка — la souris
- папка — la chemise
- клавиатура — le clavier
- кәгазь өчен кәрҗин — la corbeille à papier
- утыргыч — la chaise
- компьютер — l'ordinateur

кофе кружкасы

la grande tasse à café

калькулятор

la calculatrice

интернет

l'Internet

ноутбук

l'ordinateur portable

хат

la lettre

хәбәр

le message

кесә телефоны

le téléphone cellulaire

челтәр

le réseau

ксерокс

le photocopieur

программа

le logiciel

телефон

le téléphone

розетка

la prise de courant

факс

le télécopieur

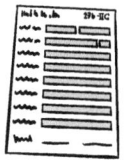

формуляр

le formulaire

документ

le document

офис - le bureau

икътисад
l'économie

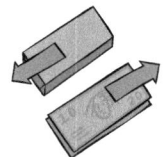

сатып алу

acheter

түләү

payer

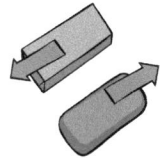

сәүдә

commercer

акча

l'argent

доллар

le dollar

евро

l'euro

иена

le yen

сум

le rouble

франк

le franc suisse

жэньминьби юань

le renminbi yuan

рупия

la roupie

банкомат

le distributeur de billets

валюта алмаштыру пункты
le bureau de change

алтын
l'or

көмеш
l'argent

җир мае
le pétrole

энергия
l'énergie

бәя
le prix

килешү
le contrat

салым
la taxe

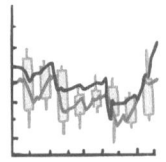

акция
les actions

эш
travailler

эшче
l'employé

эш бирүче
l'employeur

фабрика
l'usine

кибет
le magasin

икътисад - l'économie

профессиялэр
les professions

полицейский
l'agent de police

янгын сүндерүче
le pompier

пешекче
le cuisinier

табиб
le docteur

очучы
le pilote

бакчачы
le jardinier

агач остасы
le charpentier

тегүче
le couturier

хаким
le juge

химик
le pharmacien

актер
l'acteur

профессиялэр - les professions

автобус йөртүче
le chauffeur d'autobus

таксист
le chauffeur de taxi

балыкчы
le pêcheur

җыештыручы хатын
la femme de ménage

түбә ябучы
le couvreur

официант
le serveur

аучы
le chasseur

рәссам
le peintre

пешекче
le boulanger

электрик
l'électricien

төзүче
le constructeur de bâtiments

инженер
l'ingénieur

итче
le boucher

сантехник
le plombier

хат ташучы
le facteur

профессияләр - les professions

солдат

le soldat

архитектор

l'architecte

кассир

le caissier

чәчәкче

le fleuriste

парикмахер

le coiffeur

кондуктор

le chef de train

механик

le mécanicien

капитан

le capitaine

теш табибы

le dentiste

галим

le scientifique

раввин

le rabbin

имам

l'imam

монах

le moine

рухани

l'ecclésiastique

профессияләр - les professions

кораллар
les outils

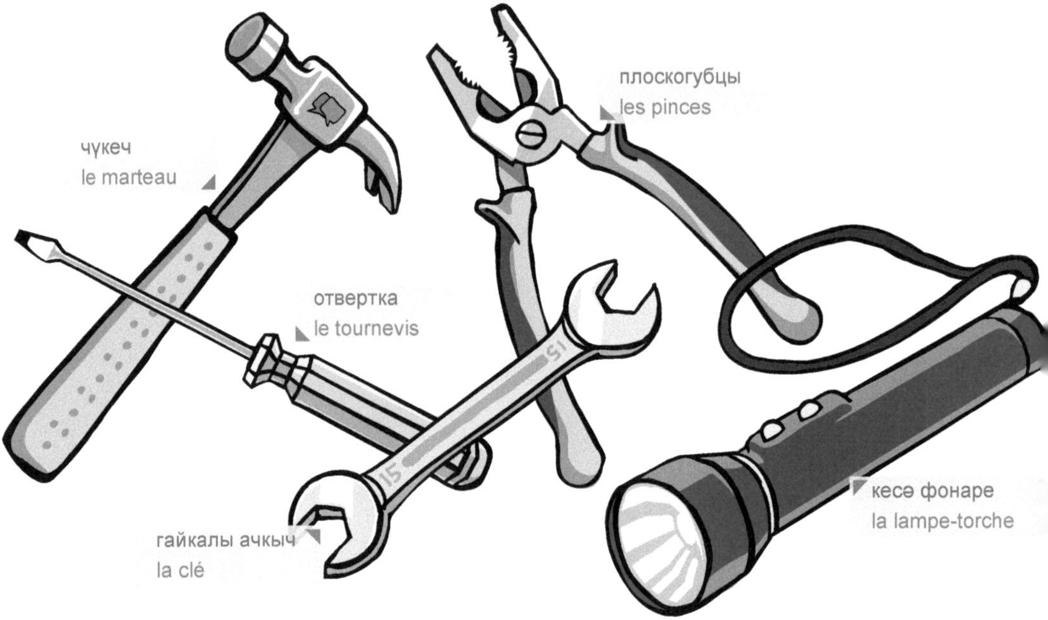

чүкеч
le marteau

плоскогубцы
les pinces

отвертка
le tournevis

гайкалы ачкыч
la clé

кесә фонаре
la lampe-torche

экскаватор
l'excavatrice

инструментлар өчен тартма
la boîte à outils

баскыч
l'échelle

пычкы
la scie

кадаклар
les clous

дрель
la perceuse

төзәтү

réparer

көрәк

la pelle

Шайтан алгыры!

Tabarnouche !

соскы

la pelle à poussière

савытлы буяу

le pot de peinture

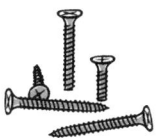

винтлар

les vis

музыкаль инструментлар
les instruments de musique

тавыш көчәйткеч
le haut-parleur

удар инструмент
la batterie

гитара
la guitare

контрабас
la contrebasse

торба
la trompette

пианино
le piano

скрипка
le violon

бас-гитара
la basse

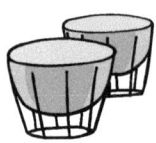

литавра
les timbales

барабан
le tambour

синтезатор
le synthétiseur

саксофон
le saxophone

флейта
la flûte

микрофон
le microphone

музыкаль инструментлар - les instruments de musique

зоопарк
le zoo

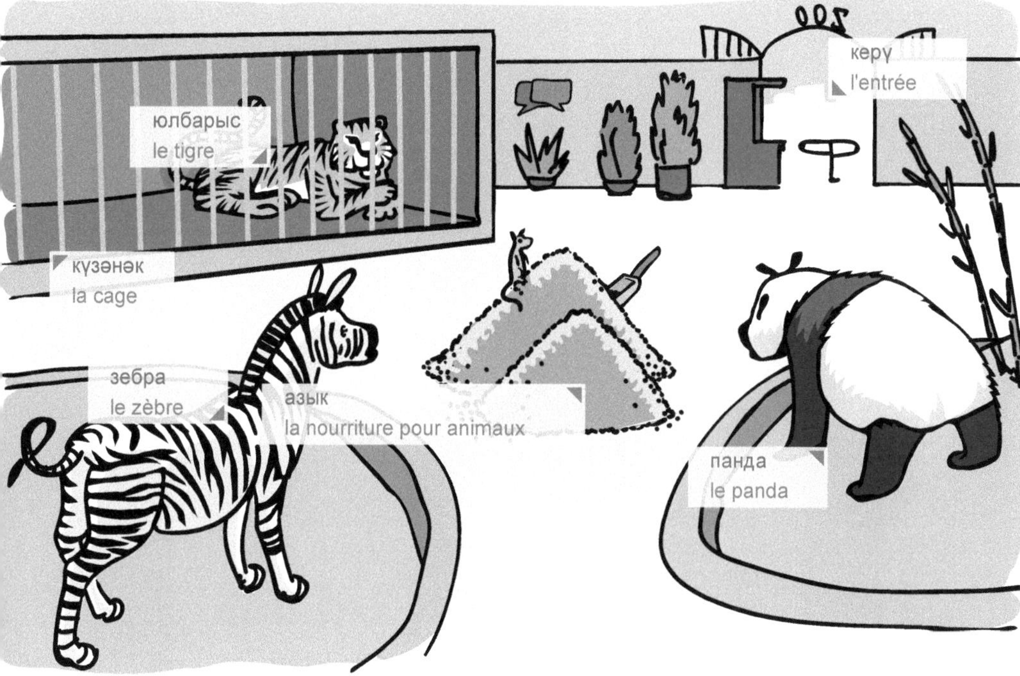

юлбарыс
le tigre

керү
l'entrée

күзәнәк
la cage

зебра
le zèbre

азык
la nourriture pour animaux

панда
le panda

хайваннар
les animaux

фил
l'éléphant

кенгерә
le kangourou

мөгезборын
le rhinocéros

горилла
le gorille

аю
l'ours

дөя
le chameau

тәвә кошы
l'autruche

арыслан
le lion

маймыл
le singe

фламинго
le flamand rose

тутый кош
le perroquet

ак аю
l'ours polaire

пингвин
le pingouin

акула
le requin

тавис
le paon

елан
le serpent

крокодил
le crocodile

зоопарк хезмәткәре
le gardien de zoo

тюлень
le phoque

ягуар
le jaguar

зоопарк - le zoo

пони

le poney

каплан

le léopard

су үгезе

l'hippopotame

жираф

la girafe

бөркет

l'aigle

кабан дуңгызы

le sanglier

балык

le poisson

ташбака

la tortue

морж

le morse

төлке

le renard

газәл

la gazelle

зоопарк - le zoo

спорт төрләре
les sports

хәрәкәт
les activités

сикерү — sauter
кочаклау — serrer dans les bras
көлү — rire
бару — marcher
җырлау — chanter
хыяллану — rêver
гыйбадәт кылу — prier
үбү — embrasser

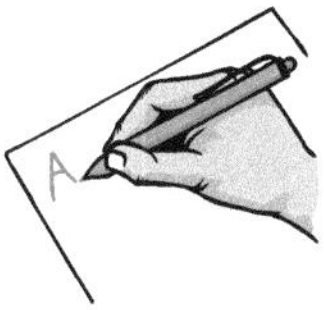

язу — écrire

рәсем ясау — dessiner

күрсәтү — montrer

басу — pousser

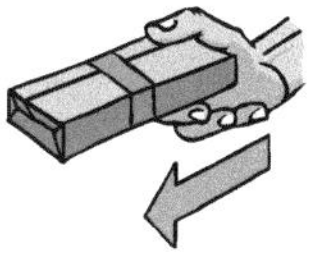

бирү — donner

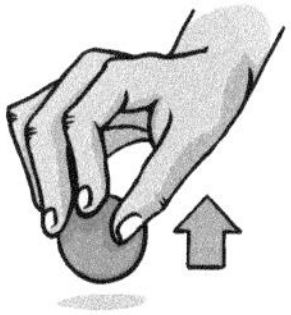

алу — prendre

үзеңдә булдыру

avoir

эшләү

faire

булу

être

басып тору

être debout

йөгерү

courir

тарту

tirer

ташлау

jeter

егылу

tomber

яту

s'allonger

көтү

attendre

йөртү

porter

утыру

s'asseoir

кию

s'habiller

йоклау

dormir

уяну

se réveiller

хәрәкәт - les activités

карау

regarder

елау

pleurer

үтекләү

caresser

тарау

peigner

әйтү

parler

аңлау

comprendre

сорау

demander

тыңлау

écouter

эчү

boire

ашау

manger

тәртипкә китерү

ranger

сөю

aimer

әзерләү

cuisiner

машинада бару

conduire

очу

voler

хәрәкәт - les activités

Җилкәндә йөрү

faire de la voile

исәпләү

calculer

уку

lire

уку

apprendre

эш

travailler

никахлашу

se marier

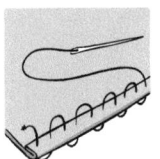

тегү

coudre

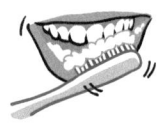

тешләрне чистарту

brosser les dents

үтерү

tuer

тәмәке тарту

fumer

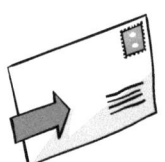

җибәрү

envoyer

66   хәрәкәт - les activités

гаилə
la famille

əби — la grand-mère
бабай — le grand-père
əти — le père
əни — la mère
сабый — le bébé
кыз — la fille
ул — le fils

кунак

l'invité

түти

la tante

абый

l'oncle

кардəш

le frère

апа

la sœur

тән
le corps

- маңгай — le front
- күз — l'œil
- бит — le visage
- күкрәк — la poitrine
- ияк — le menton
- бармак — le doigt
- кул чугы — la main
- кул — le bras
- кулбаш — l'épaule
- аяк — la jambe

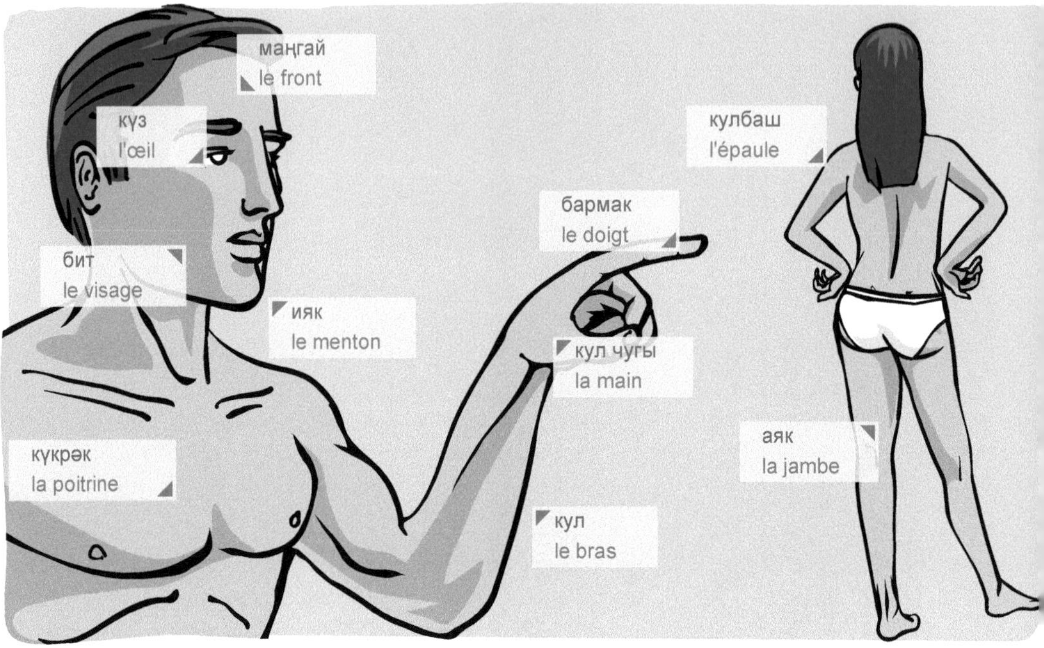

сабый — le bébé

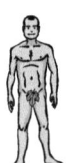

ир — l'homme

хатын — la femme

кыз — la fille

малай — le garçon

баш — la tête

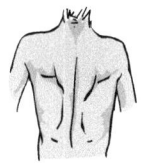
арка
le dos

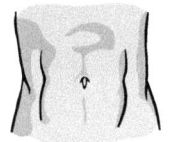
эч
le ventre

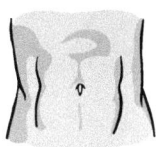
кендек
le nombril

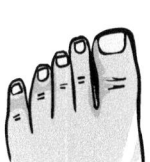
аяк бармагы
l'orteil

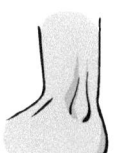
үкчә
le talon

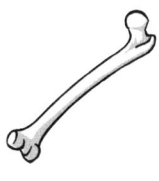
сөяк
l'os

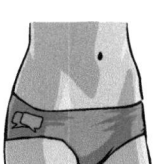
бот
la hanche

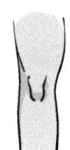
тез
le genou

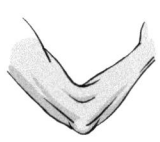
терсәк
le coude

борын
le nez

арт сан
le derrière

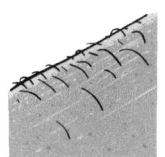
тире
la peau

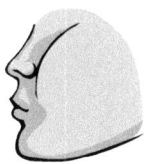
яңак
la joue

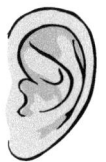
колак
l'oreille

ирен
la lèvre

тән - le corps

авыз
la bouche

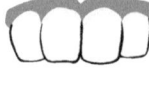

теш
la dent

тел
la langue

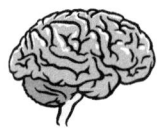

ми
le cerveau

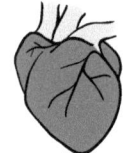

йөрәк
le cœur

мускул
le muscle

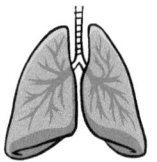

үпкәләр
les poumons

бавыр
le foie

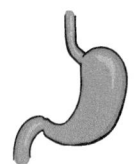

ашказан
l'estomac

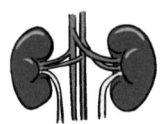

бөерләр
les reins

җенси акт
le rapport sexuel

презерватив
le condom

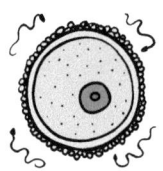

күкәйлек
l'ovule

сперма
le sperme

көмәнлек
la grossesse

тән - le corps

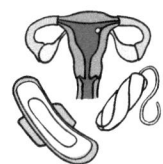

күрем

la menstruation

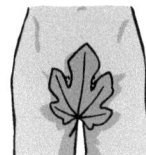

вагина

le vagin

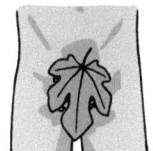

пенис

le pénis

каш

le sourcil

чәчләр

les cheveux

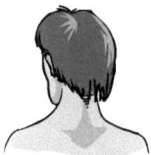

муен

le cou

хастаханә
l'hôpital

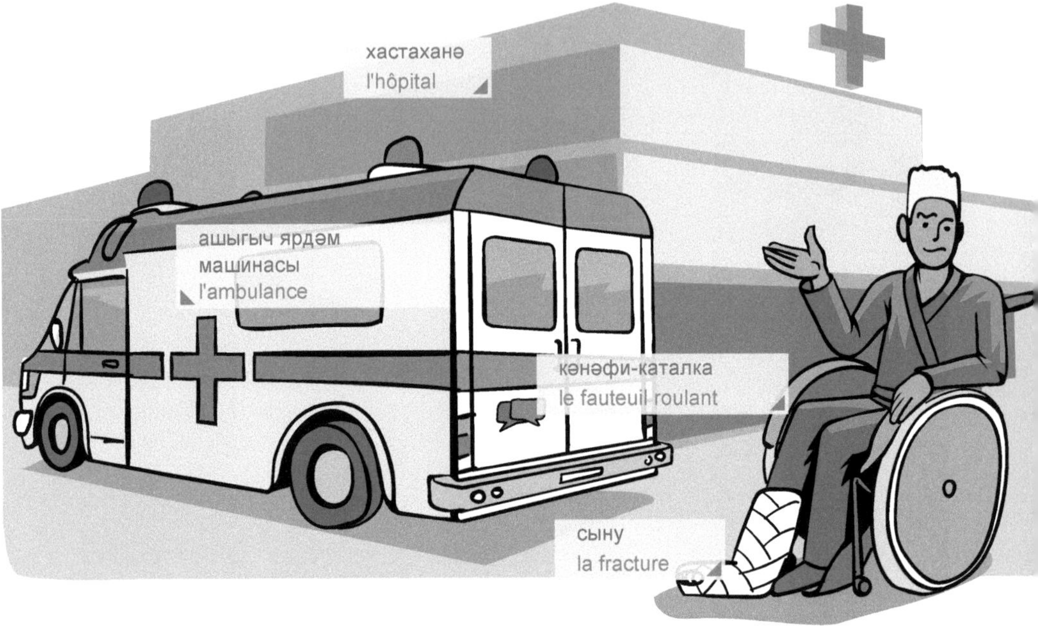

хастаханә / l'hôpital

ашыгыч ярдәм машинасы / l'ambulance

кәнәфи-каталка / le fauteuil roulant

сыну / la fracture

табиб

le docteur

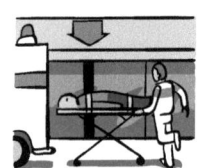

беренче ярдәм пункты

la salle des urgences

шәфкать туташы

l'infirmier

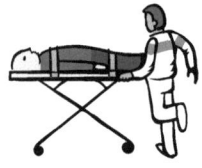

кичектергесез хәл

l'urgence

аңсыз

inconscient

авырту

la douleur

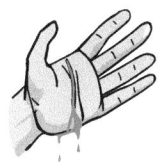

зыян килү

la blessure

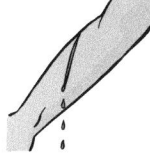

кан агу

le saignement

инфаркт

la crise cardiaque

инсульт

l'AVC

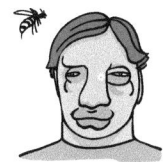

аллергия

l'allergie

ютәл

la toux

югары температура

la fièvre

грипп

la grippe

эч китү

la diarrhée

баш авырту

le mal de tête

кысла

le cancer

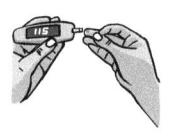

диабет

le diabète

хирург

le chirurgien

скальпель

le scalpel

операция

l'opération

хастаханә - l'hôpital

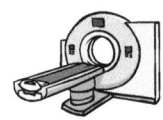

КТ
la tomodensitométrie

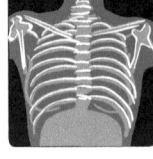

рентген
la radiographie

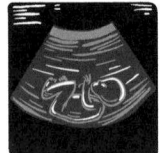

ультратавыш
l'ultrason

битлек
le masque

авыру
la maladie

кабул итү бүлмәсе
la salle d'attente

култык таягы
la béquille

пластырь
le sparadrap

бинт
le bandage

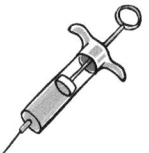

укол кадау
l'injection

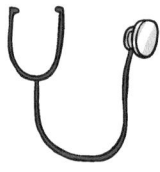

стетоскоп
le stéthoscope

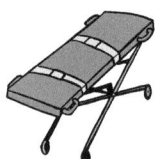

носилки
le brancard

термометр
le thermomètre médical

туу
l'accouchement

артык авырлык
l'excès de poids

хастаханә - l'hôpital

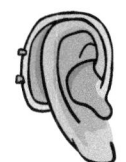

колак аппараты

l'appareil auditif

йогышсызландыру чарасы

le désinfectant

инфекция

l'infection

вирус

le virus

ВИЧ / СПИД

le VIH/ le sida

дару

le médicament

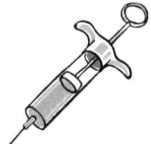

прививка

la vaccination

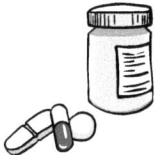

таблеткалар

les comprimés

балага узмас өчен таблетка

la pilule

ашыгыч чакыру

l'appel d'urgence

кан басымын үлчәү өчен прибор

le tensiomètre

авыру / сәламәт

malade / en bonne santé

хастаханә - l'hôpital

кичектергесез хәл
l'urgence

Ярдәм итегез!
Au secours !

тревога сигналы
l'alarme

һөҗүм иту
l'assaut

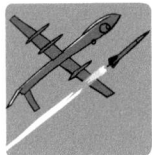
һөҗүм
l'attaque

куркыныч
le danger

запас чыгу урыны
la sortie de secours

Янгын!
Au feu!

ут сүндергеч
l'extincteur

каза
l'accident

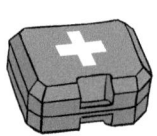
даруханә
la trousse de premiers soins

SOS
SOS

полиция
la police

җир
la Terre

Европа

l'Europe

Төньяк Америка

l'Amérique du Nord

Көньяк Америка

l'Amérique du Sud

Африка

l'Afrique

Азия

l'Asie

Австралия

l'Australie

Атлантик океан

l'océan Atlantique

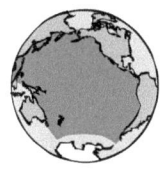

Тын океан

l'océan Pacifique

Һинд океаны

l'océan Indien

Антарктик океан

l'océan Antarctique

Төньяк Боз океаны

l'océan Arctique

Төньяк полюс

le Pôle Nord

Көньяк полюс

le Pôle Sud

Антарктика

l'Antarctique

җир

la Terre

коры җир

la terre

диңгез

la mer

утрау

l'île

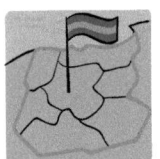

милләт

la nation

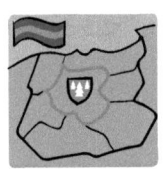

дәүләт

l'État

сәгать
l'heure

сәгать циферблаты
le cadran

сәгать угы
l'aiguille des heures

минут угы
l'aiguille des minutes

секунд угы
l'aiguille des secondes

Әле сәгать ничә?
Quelle heure est-il ?

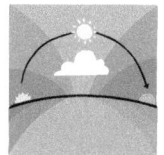
көн
le jour

вакыт
le temps

хәзер
maintenant

электрон сәгать
la montre à affichage numérique

минут
la minute

сәгать
l'heure

атна
la semaine

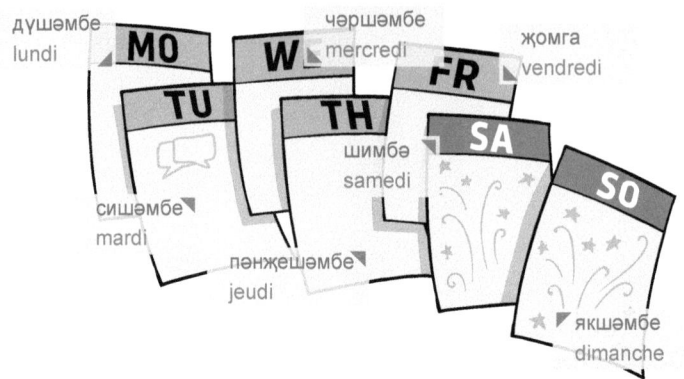

дүшәмбе — lundi
сишәмбе — mardi
чәршәмбе — mercredi
пәнҗешәмбе — jeudi
җомга — vendredi
шимбә — samedi
якшәмбе — dimanche

кичә
hier

бүген
aujourd'hui

иртәгә
demain

иртә
le matin

төш
le midi

кич
le soir

эш көннәре
les jours ouvrables

ял көннәре
la fin de semaine

ел
l'année

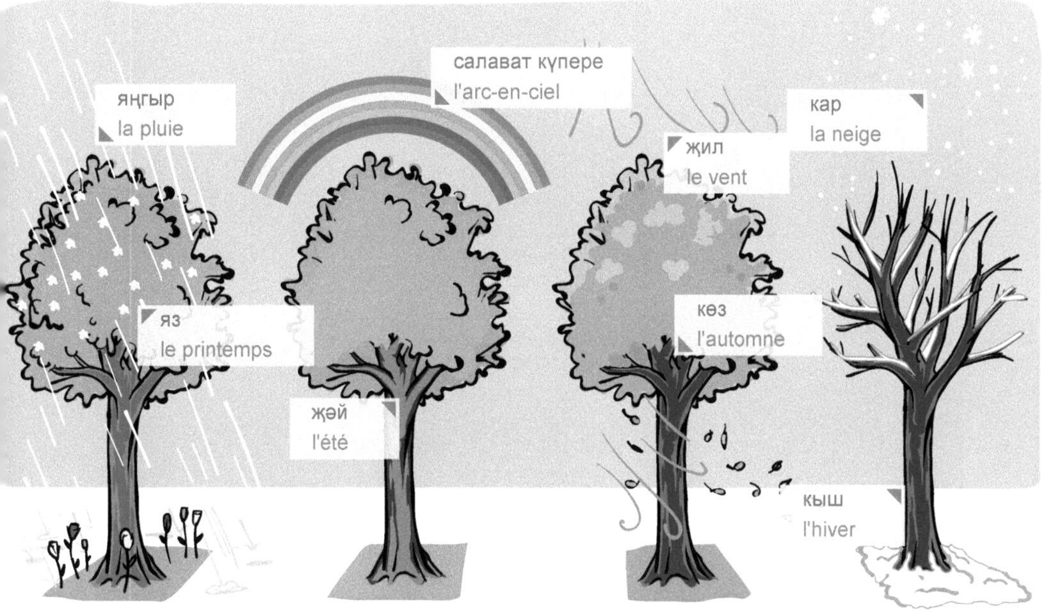

салават күпере
l'arc-en-ciel

яңгыр
la pluie

кар
la neige

җил
le vent

яз
le printemps

көз
l'automne

җәй
l'été

кыш
l'hiver

hава торышы

les prévisions météorologiques

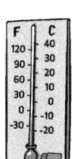

термометр

le thermomètre

кояш яктысы

les rayons du soleil

болыт

le nuage

томан

le brouillard

дымлылык

l'humidité

яшен

la foudre

күк күкрәү

le tonnerre

давыл

la tempête

боз

la grêle

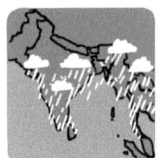

муссон

la mousson

су басу

l'inondation

боз

la glace

гыйнвар

janvier

февраль

février

март

mars

апрель

avril

май

mai

июнь

juin

июль

juillet

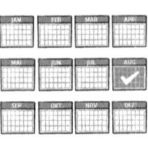

август

août

ел - l'année

сентябрь

septembre

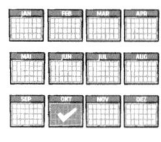

октябрь

octobre

ноябрь

novembre

декабрь

décembre

формалар
les formes

божра

le cercle

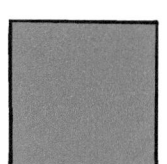

квадрат

le carré

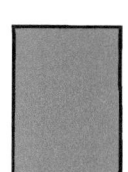

турыпочмак

le rectangle

өчпочмак

le triangle

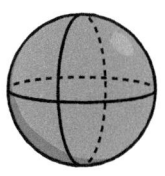

шар

la sphère

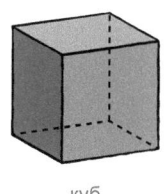

куб

le cube

төсләр
les couleurs

ак
blanc

сары
jaune

кызгылт сары
orange

ал
rose

кызыл
rouge

шәмәхә
violet

зәңгәр
bleu

яшел
vert

көрән
marron

соры
gris

кара
noir

капма-каршылыклар
les opposés

күп / аз
beaucoup / un peu

усал / тыныч
en colère / calme

матур / ямьсез
beau / laid

башы / ахыры
le début / la fin

зур / кечкенә
grand / petit

якты / караңгы
lumineux / sombre

абый / эне
le frère / la sœur

чиста / пычрак
propre / sale

тулы / тулы түгел
complet / incomplet

көн / төн
le jour / la nuit

үле / тере
mort / vivant

киң / тар
large / étroit

ашарга яраклы / ашарга яраксыз

comestible / non comestible

явыз / яхшы

méchant / gentil

дулкынланган / сагынган

être enthousiaste / s'ennuyer

юан / ябык

gros / mince

башта / азакта

le premier / le dernier

дус / дошман

l'ami / l'ennemi

тулы / буш

plein / vide

каты / йомшак

dur / mou

авыр / җиңел

lourd / léger

ачлык / сусау

faim / soif

авыру / сәламәт

malade / en bonne santé

хокуксыз / хокуклы

illégal / légal

акыллы / акылсыз

intelligent / stupide

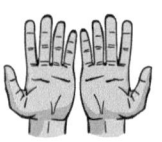

сулдан / уңнан

gauche / droite

якын / ерак

proche / loin

капма-каршылыклар - les opposés

яңа / тотылган

neuf / usagé

бер нәрсә дә / нәрсәдер

rien / quelque chose

өлкән / яшь

vieux / jeune

тоташтырылган / сүндерелгән

marche / arrêt

ачык / ябык

ouvert / fermé

әкрен / кычкырып

calme / bruyant

бай / ярлы

riche / pauvre

дөрес / дөрес түгел

correct / incorrect

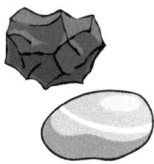

кытыршы / шома

rugueux / lisse

моңсу / бәхетле

triste / heureux

кыска / озын

court / long

җай / тиз

lent / rapide

дымлы / коры

mouillé / sec

җылы / салкын

chaud / froid

сугыш / тынычлык

la guerre / la paix

капма-каршылыклар - les opposés

саннар
les nombres

0
ноль
zéro

1
бер
un

2
ике
deux

3
өч
trois

4
дүрт
quatre

5
биш
cinq

6
алты
six

7
җиде
sept

8
сигез
huit

9
тугыз
neuf

10
ун
dix

11
унбер
onze

12
унике
douze

13
үнөч
treize

14
ундүрт
quatorze

15
унбиш
quinze

16
уналты
seize

17
унҗиде
dix-sept

18
унсигез
dix-huit

19
унтугыз
dix-neuf

20
егерме
vingt

100
йөз
cent

1.000
мең
mille

1.000.000
миллион
le million

саннар - les nombres

теллəр
les langues

инглизчə

l'anglais

американча инглиз

l'anglais américain

мандаринча Кытай

le chinois mandarin

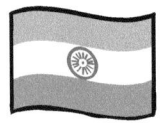

һинди

le hindi

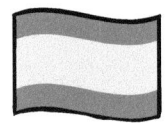

испан

l'espagnol

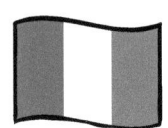

француз

le français

гарəп

l'arabe

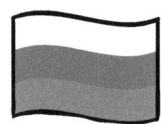

рус

le russe

португал

le portugais

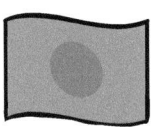

бенгал

le bengali

алман

l'allemand

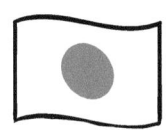

япон

le japonais

кем / нәрсә / ничек
qui / quoi / comment

мин

je

син

tu

ул / ул / ул

il / elle / ce, c', cela

без

nous

сез

vous

алар

ils / elles

кем?

qui ?

нәрсә?

quoi ?

ничек?

comment ?

кайда?

où ?

кайчан?

quand ?

исем

le nom

кайда
où

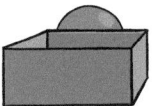

артта

derrière

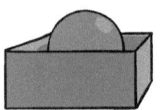

эчендә

dans

алда

devant

өстендә

au-dessus

өстенә

sur

астында

en dessous

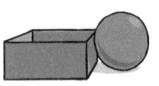

янәшә

à côté de

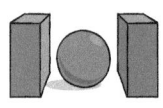

арасында

entre

урын

l'endroit